Colorier Vos Propres

TABLEAUX DE

Monet

IMAGES RENDUES PAR MARTY NOBLE

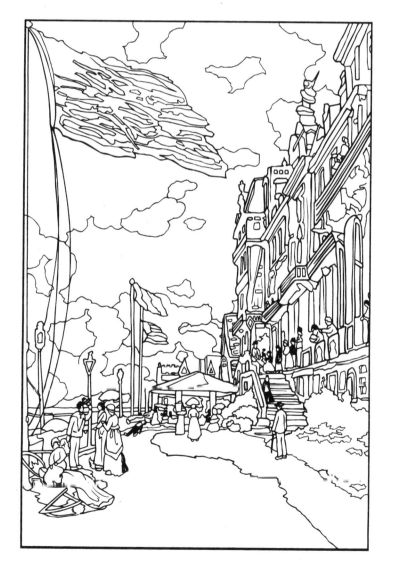

Dover Publications, Inc.
Mineola, New York

Note bibliographique

Cette nouvelle édition publiée en 2013 est une nouvelle traduction de *Color Your Own Monet Paintings,* publiée par Dover Publications, Inc., et parue en 2005. Veuillez noter que deux tableaux ont été supprimés dans cette édition.

International Standard Book Number
ISBN-13: 978-0-486-49328-2
ISBN-10: 0-486-49328-8

Produit aux États-Unis par Courier Corporation
www.doverpublications.com
49328801   2013

Note

Le grand peintre impressionniste Claude Monet (1840-1926), qui est né à Paris, a passé la plupart de son enfance au Havre, sur la côte normande. Sa proximité avec la mer, source d'inspiration artitistique, a marqué la vie et l'œuvre de l'artiste. Adolescent il a étudié le dessin et a même vendu des croquis qu'il a réalisés des habitants de sa ville littorale. Toujours fasciné par le paysage marin, l'artiste a découvert le style "plein air" de la peinture des années 1860 grâce à l'artiste Eugène Boudin. Mettant l'accent sur les scènes en plein air de la vie quotidienne, Monet cherchait à dépeindre les effets transitoires de la lumière sur ses sujets par l'emploi de couleurs vives et de vifs coups de pinceaux. En créant des zones de couleurs audacieuses, Monet arrive à révéler l'effet de la lumière tachetée sur son sujet.

Installé à Paris, Monet s'est lié avec d'autres peintres tels que Renoir, Manet, Pissarro et Sisley. Ces derniers partageaient ses mêmes principes artistiques et en 1874 ont organisé, avec Monet, leur propre exposition de tableaux d'un nouveau style pas encore appelé impressionniste. C'est lors de cette exposition qu'un critique, en parlant du tableau "Impression soleil levant", va inventer le terme "impressionniste" pour se moquer de ce nouveau style. A l'instar de Pissarro, Monet est reconnu comme un des fondateurs du mouvement impressionniste, mouvement qui s'inspire de la peinture en extérieur et met l'accent sur la variation de lumière et de la couleur en fonction de l'atmosphère. A partir de 1890 à Giverny, Monet entame une série de tableaux qui étudie le même sujet exposé à des effets lumineux différents. Les séries telles que les "Les Meules" et "Nénuphars" cherchent à exprimer ces effets atmosphériques parfois subtils. Monet est mort à l'âge de 86 ans et laisse une œuvre impressionnante de plus de 500 dessins et plus de 2000 tableaux.

Les tableaux de cet ouvrage sont imprimés en couleur au verso de la couverture du livre. Ces images peuvent servir d'inspiration pour vos propres créations, soit comme guide de couleur, soit comme point de départ pour explorer les jeux de la lumière sur la couleur. La légende indique le titre de l'ouvrage ainsi que la date, la matière et les dimensions.

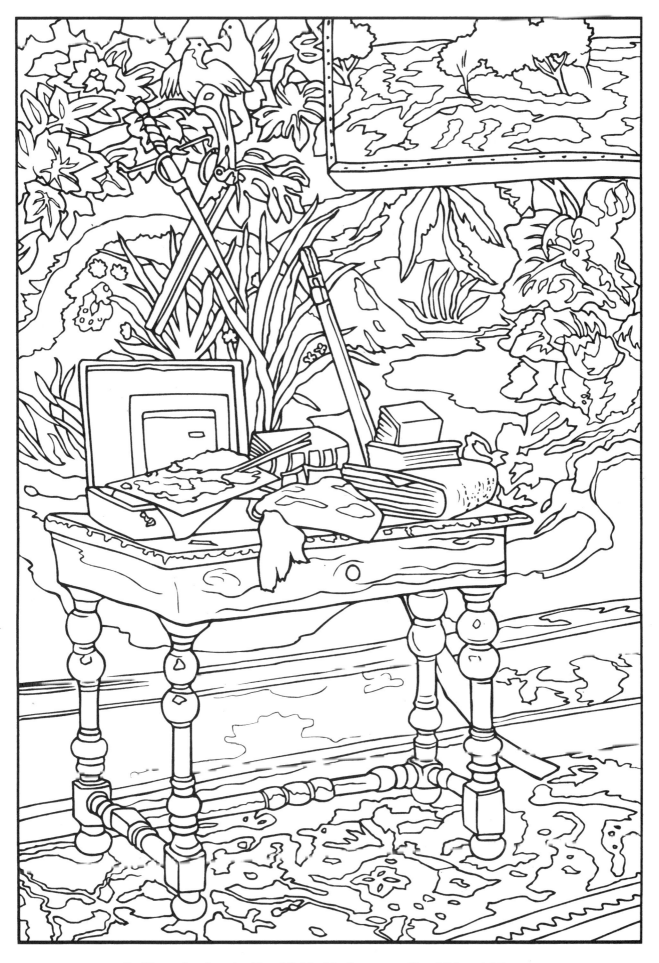

1. Un coin du studio. 1861. Huile sur toile. 181 x 127 cm.

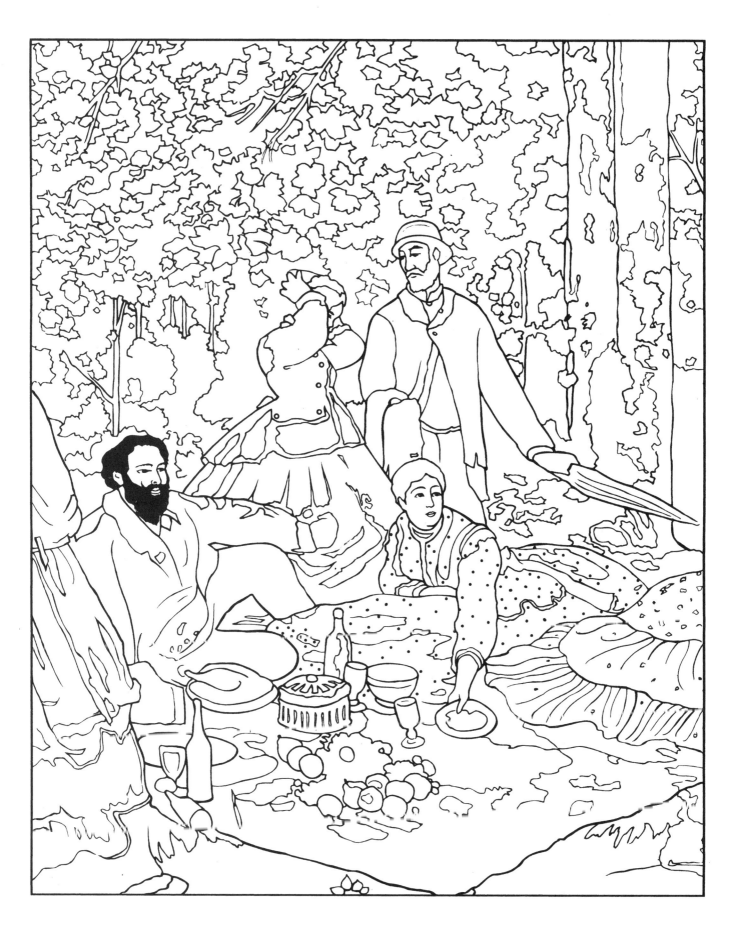

2. Déjeuner sur l'herbe. 1865-1866. Huile sur toile. 130 x 181cm.

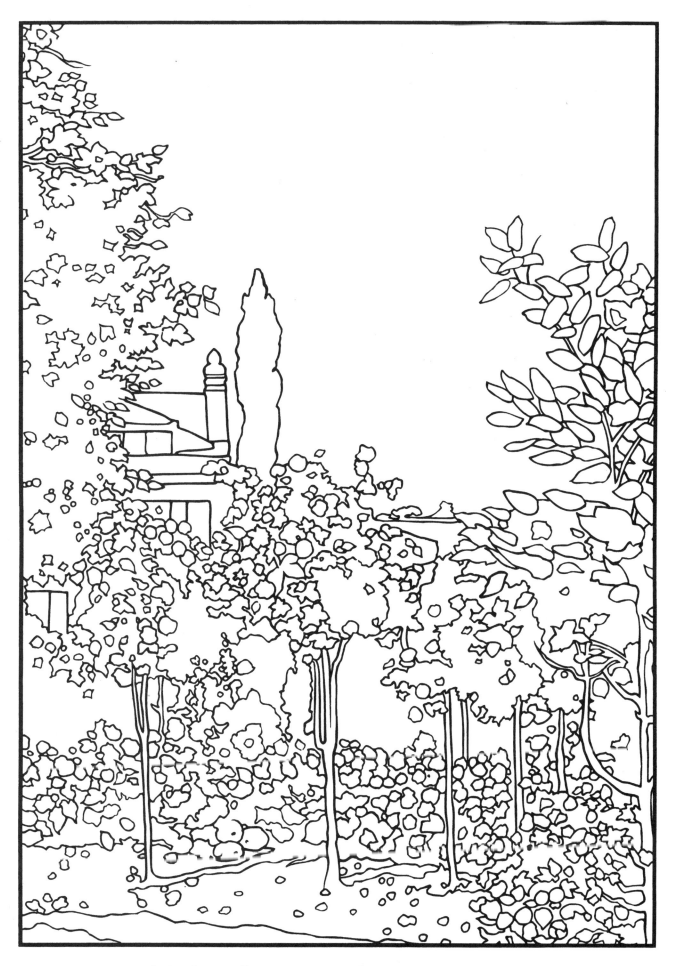

3. Jardin en fleurs. 1866. Huile sur toile. 65 x 54 cm.

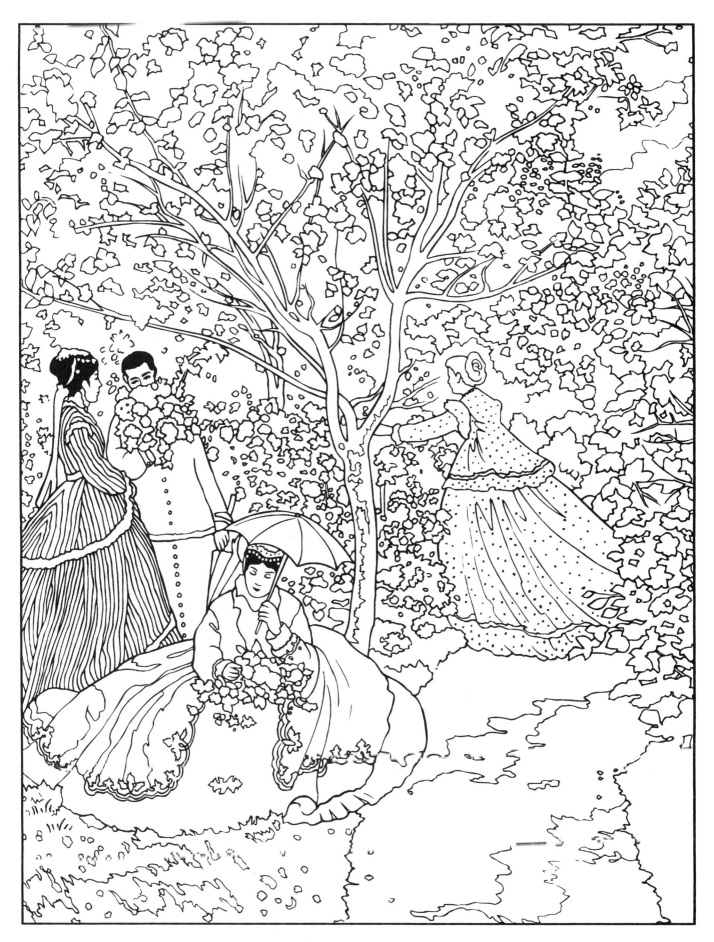

4. Femmes au jardin. 1866-7. Huile sur toile. 255 cm × 205 cm.

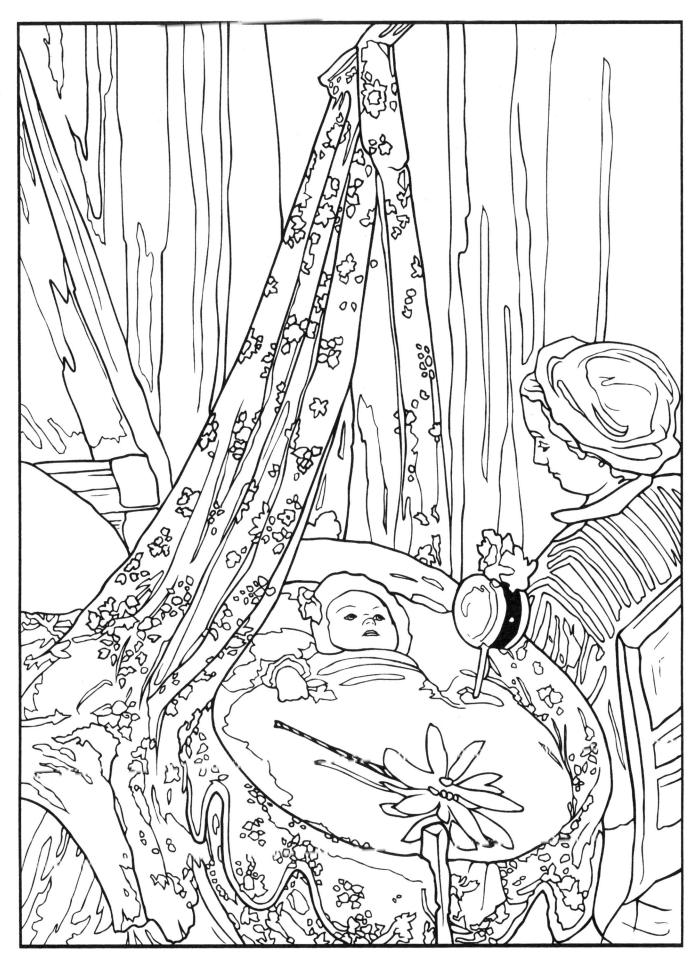

5. Jean Monet dans son berceau. 1867. Huile sur toile. 116 x 89 cm.

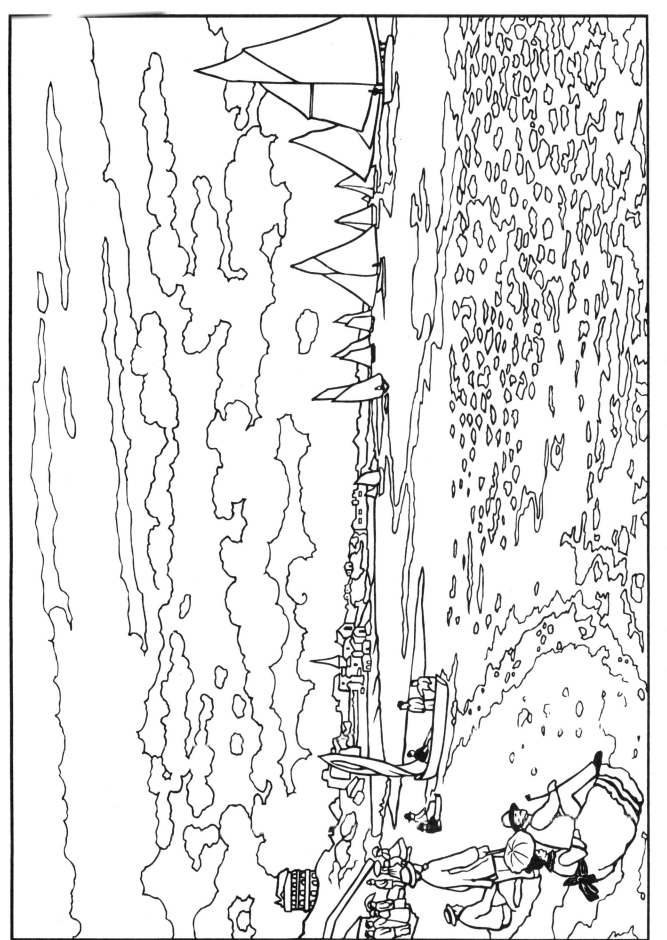

6. Régate à Sainte-Adresse. 1867. Huile sur toile. 188 x 262 cm.

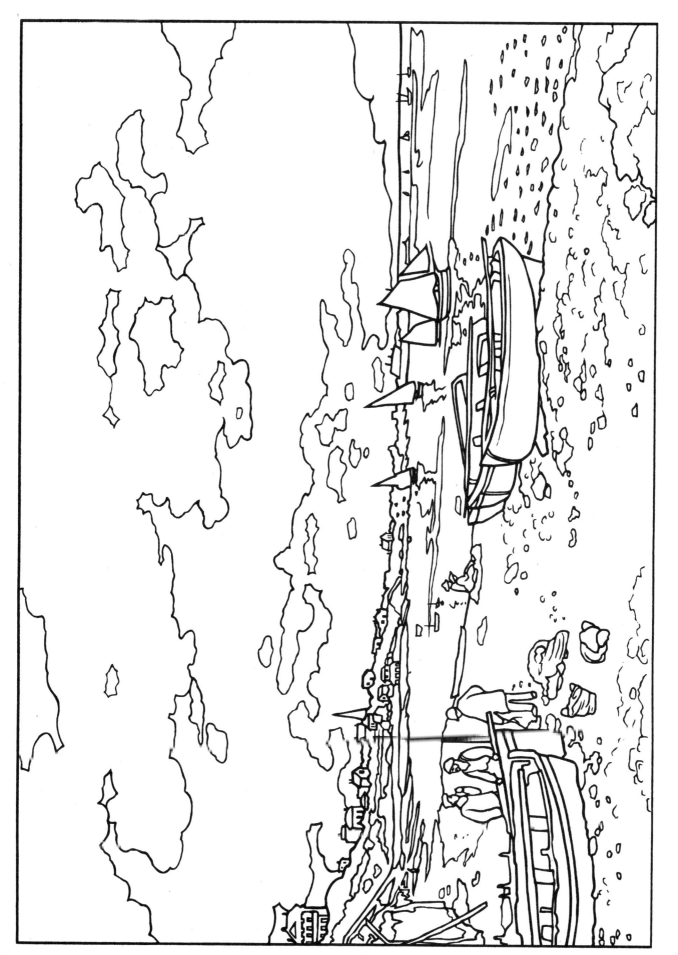

7. La Plage de Sainte-Adresse. 1867. Huile sur toile. 74 x 104 cm.

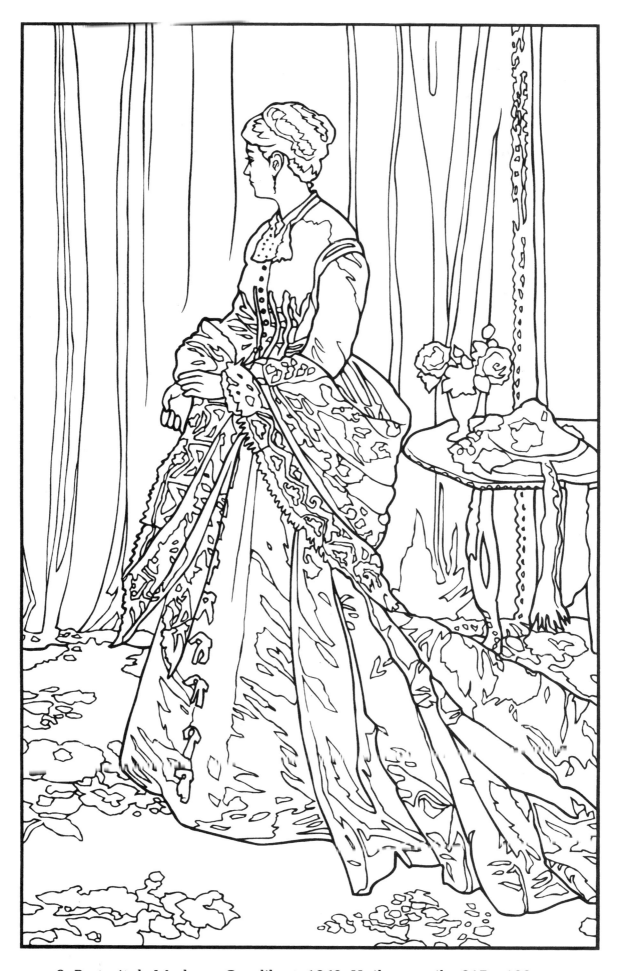

8. Portrait de Madame Gaudibert. 1868. Huile sur toile. 217 x 138 cm.

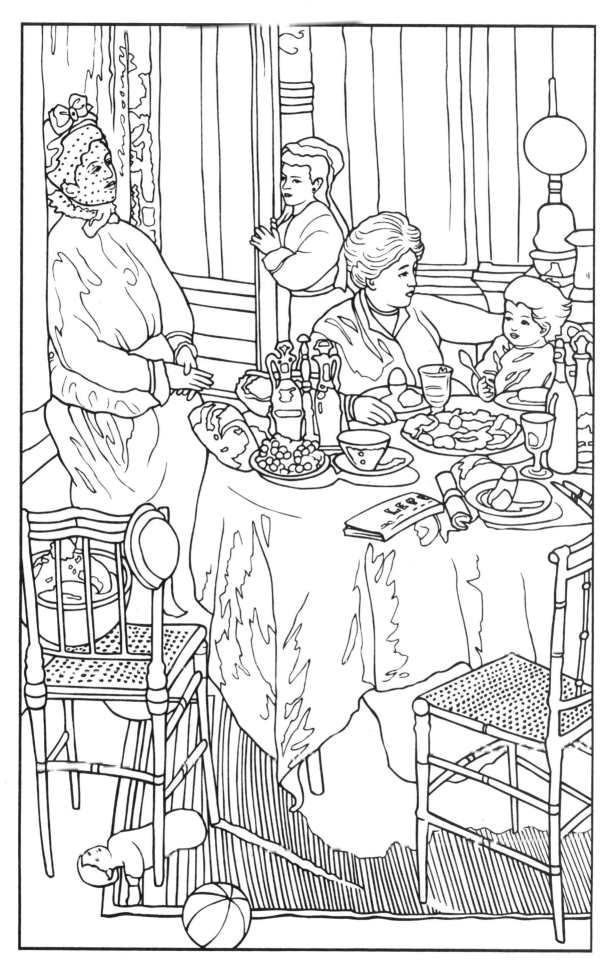

9. Le déjeuner. 1868-70. Huile sur toile. 229 x 150 cm.

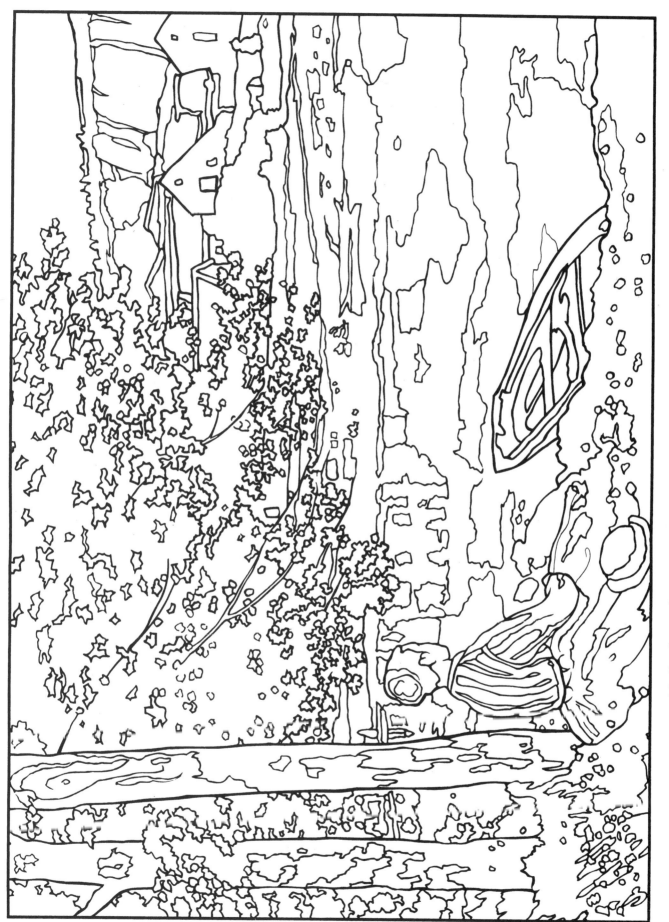

10. La Seine à Bennecourt. 1868. Huile sur toile. 82 x 100 cm.

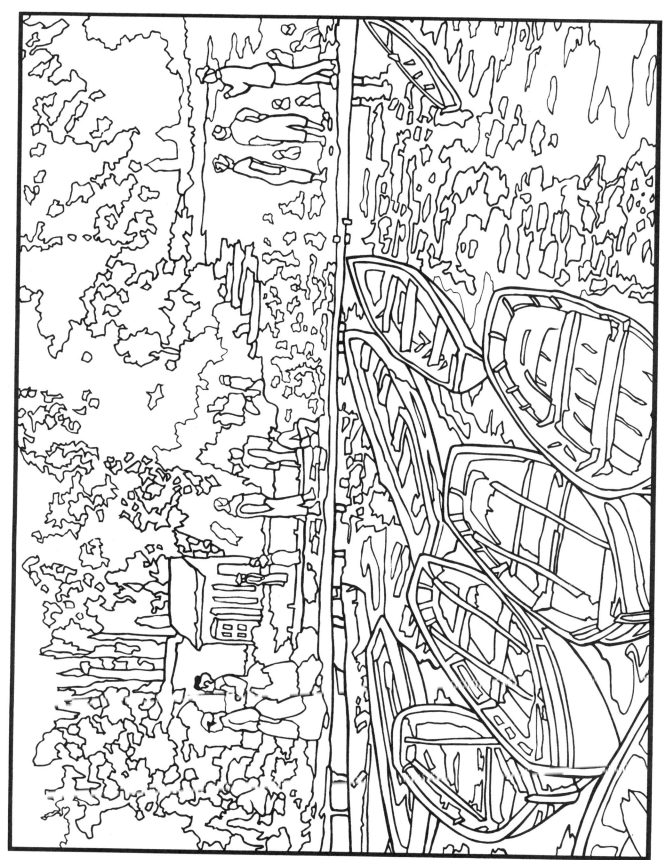

21. Bain à la Grenouillère. 1869. Huile sur toile. 73 cm x 98 cm.

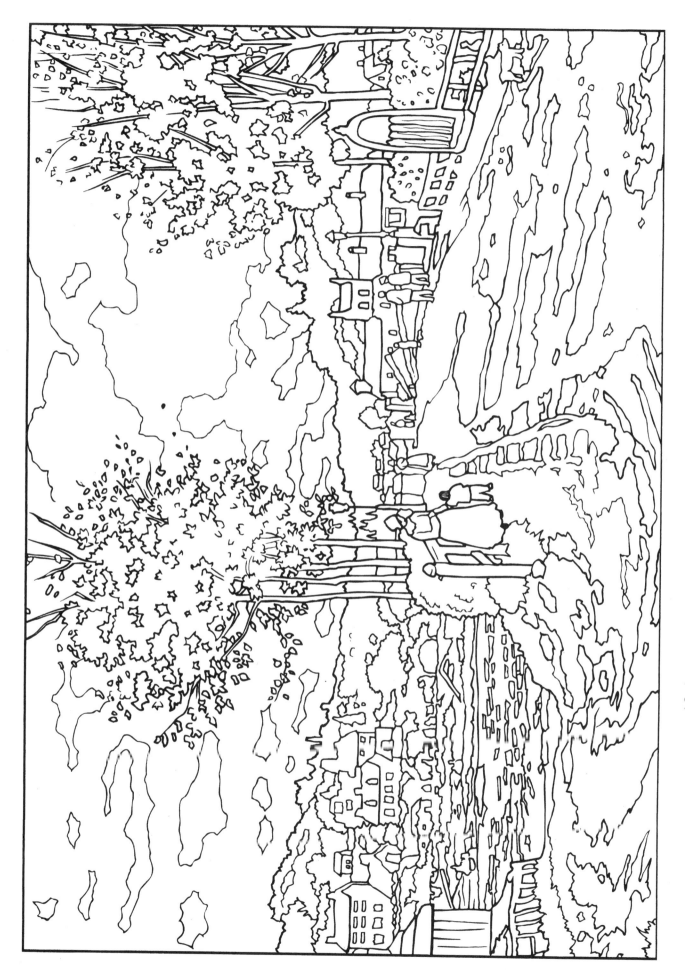

12. Le pont de Bougival. Huile sur toile. 1869. 61 x 89 cm.

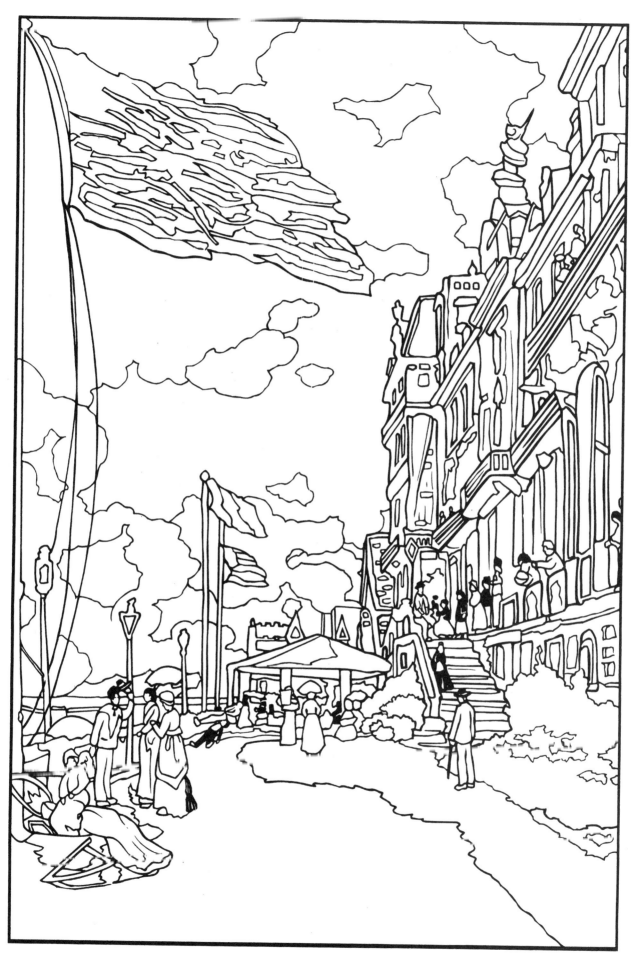

13. Hôtel des Roches Noires. 1870. Huile sur toile. 81 cm x 58.5 cm.

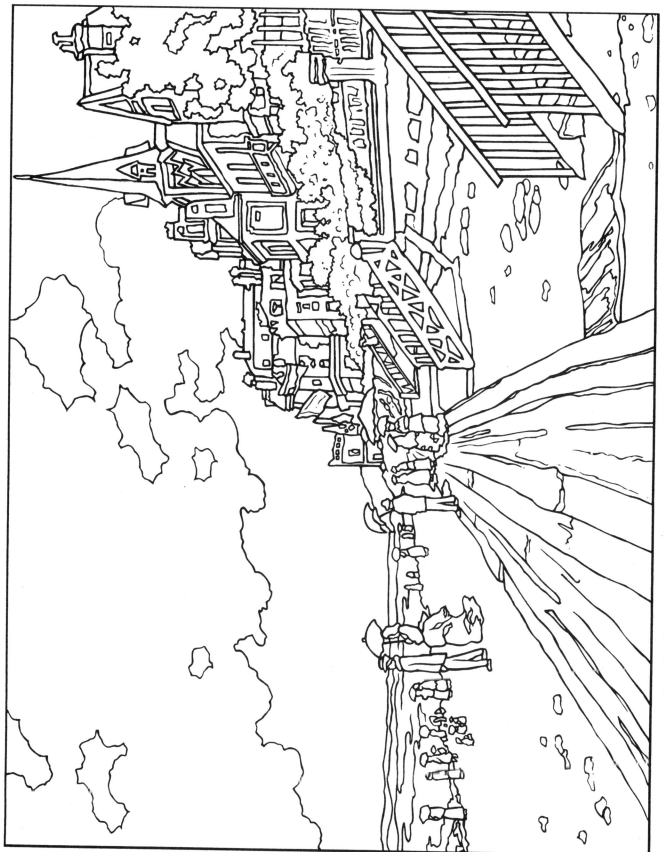

14. Sur les planches de Trouville. 1870. Huile sur toile. 50 cm x 70 cm.

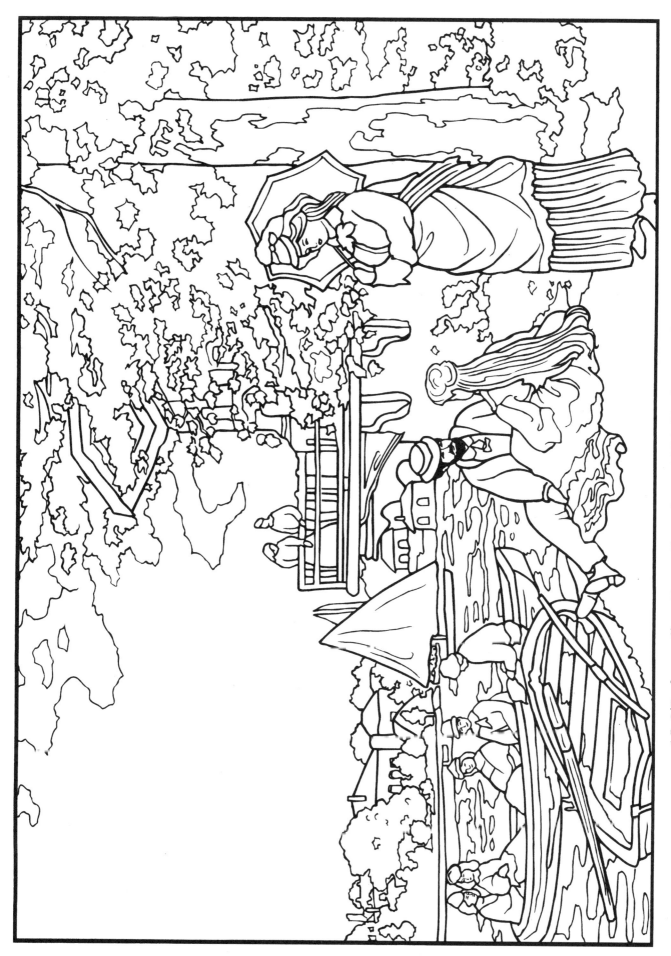

15 L'Embarcadère, Zaan, Zaandam. 1871. Huile sur toile. 54 x 74 cm.

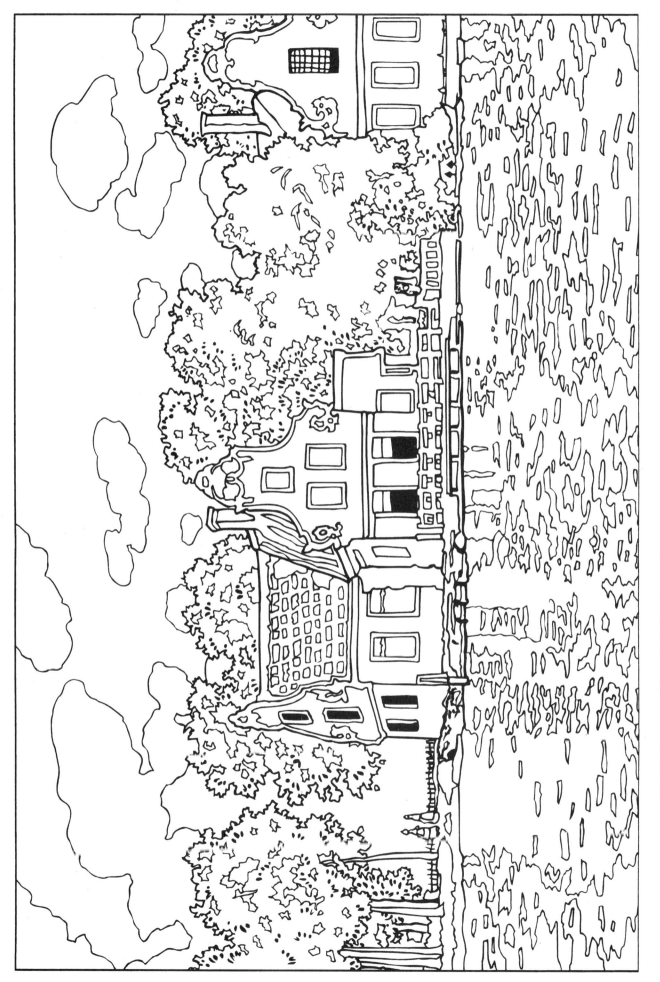

16. Maisons au bord de la Zaan à Zaandam. 1871. Huile sur toile. 47 cm x 73 cm.

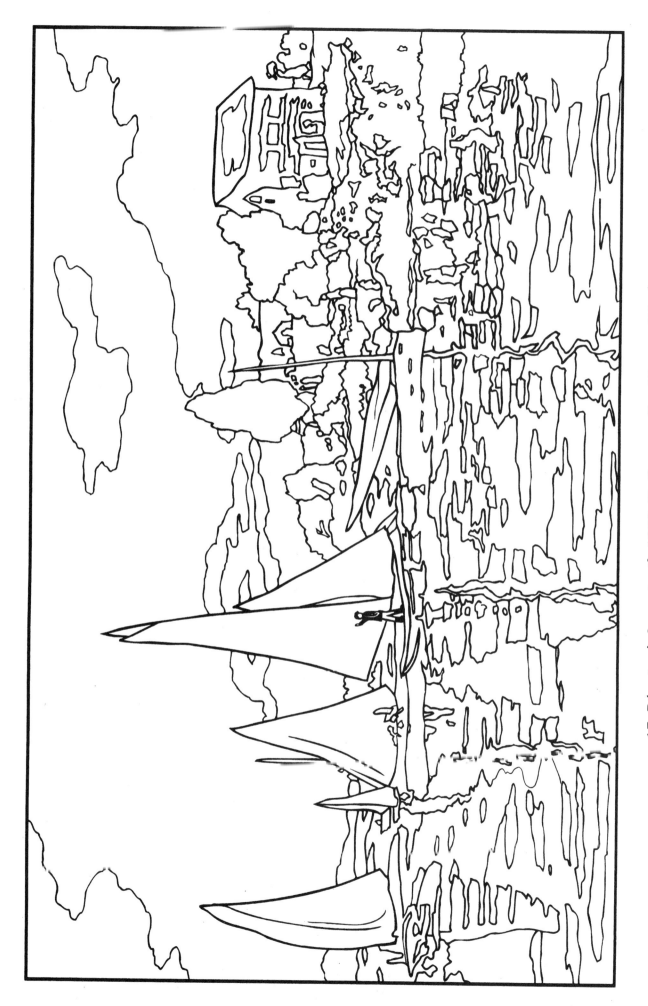

17. Régates à Argenteuil. 1872. Huile sur toile. 48 cm x 75 cm.

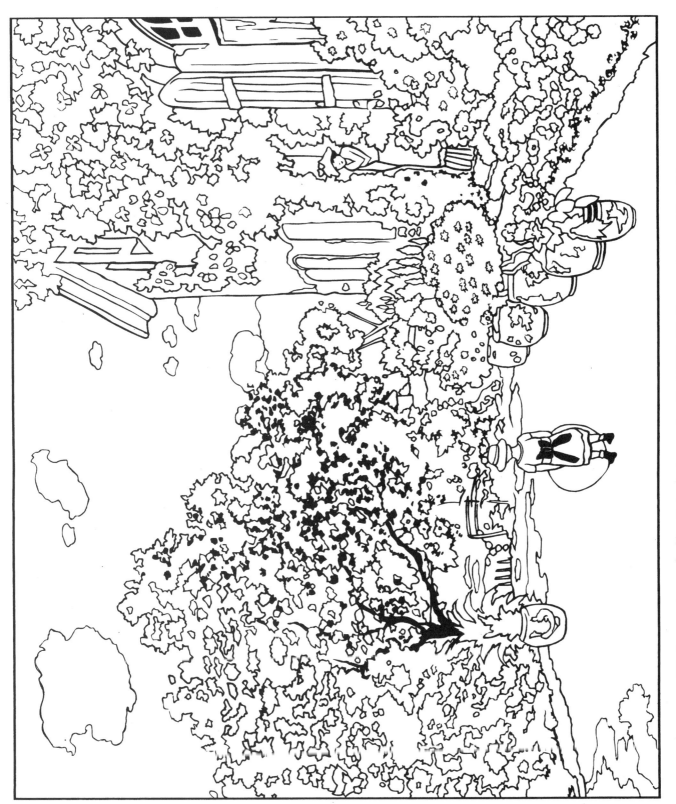

18. La maison de l'artiste à Argenteuil. 1873. Huile sur toile. 60 x 74 cm.

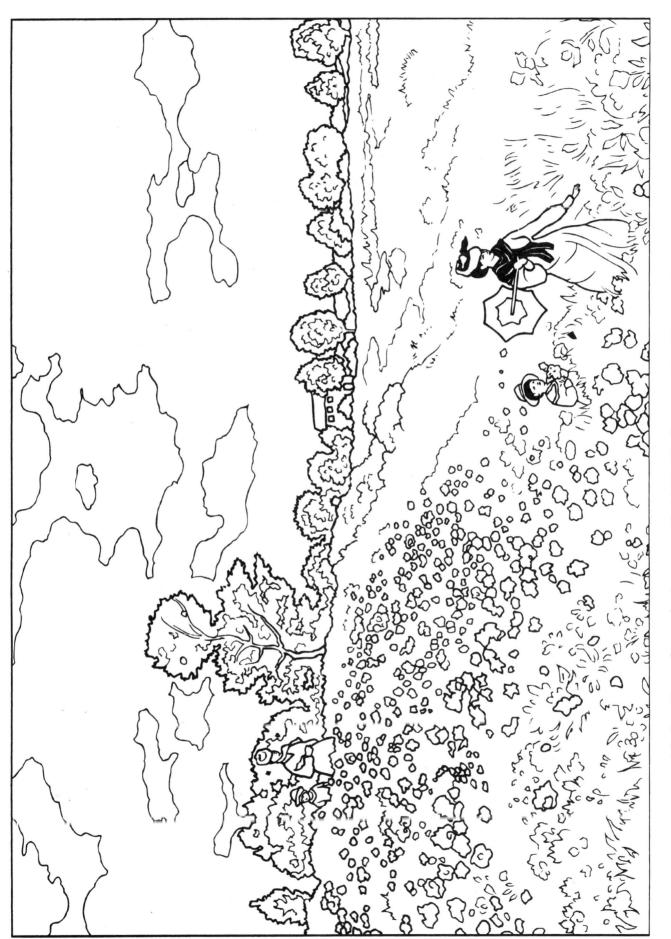

19. Les Coquelicots à Argenteuil. 1873. Huile sur toile. 50 cm x 65 cm.

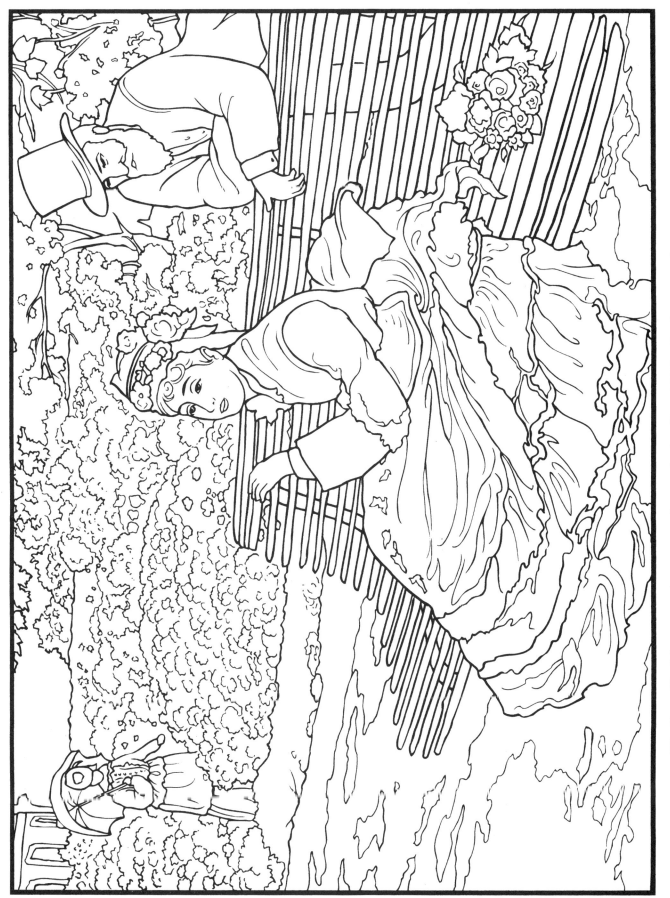

20. Camille Monet assise sur un banc de jardin. 1873. Huile sur toile. 59 x 79 cm.

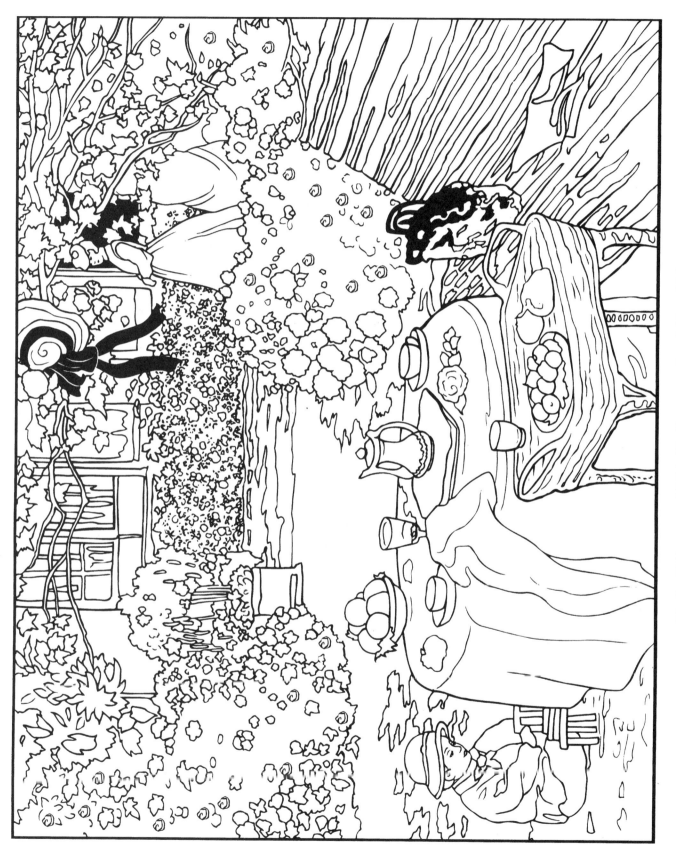

21. Le Déjeuner. 1874. Huile sur toile. 160 x 203 cm.

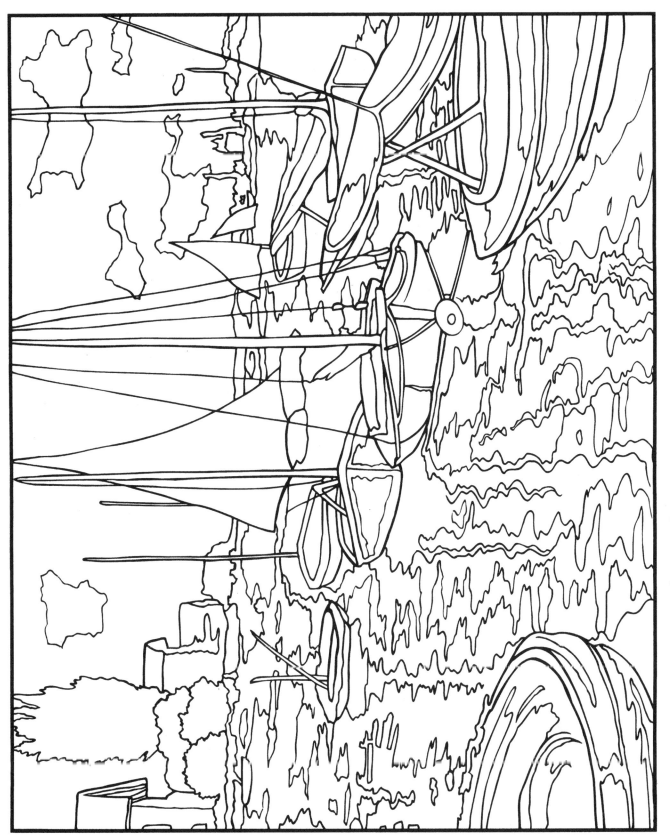

22. Voiliers sur la Seine. 1874. Huile sur toile. 54 x 64 cm.

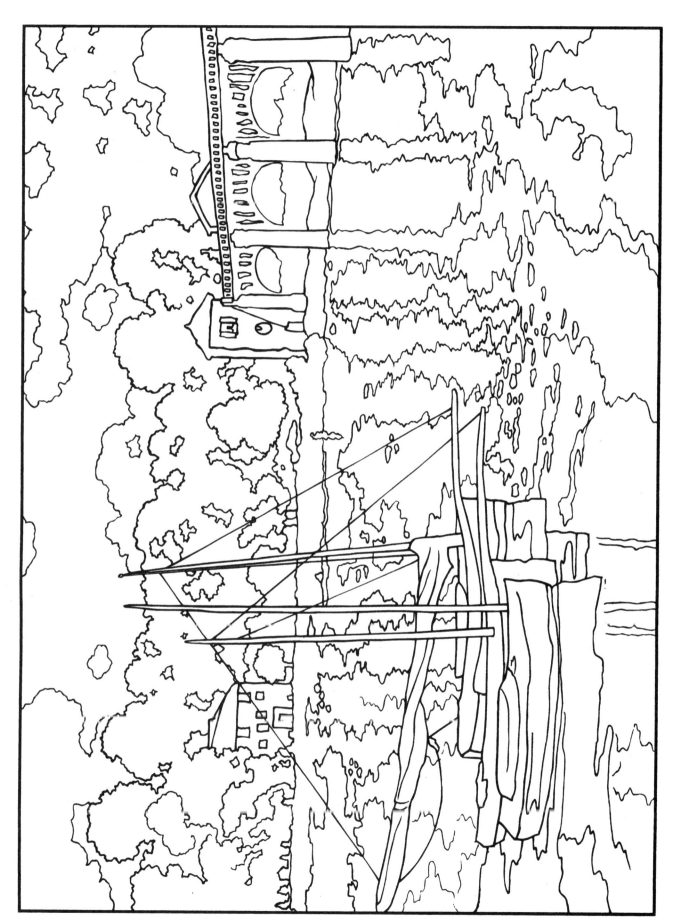

23. Le pont d'Argenteuil. 1874. Huile sur toile. 60 cm x 80 cm.

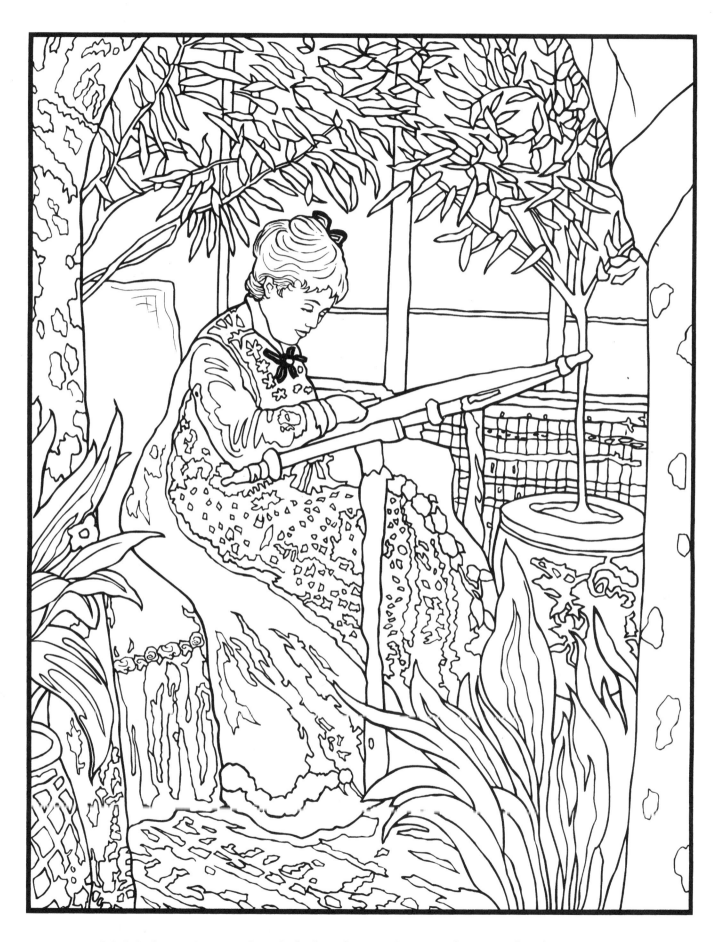

24. Madame Monet fait de la broderie. 1875. Huile sur toile. 55 x 65 cm.

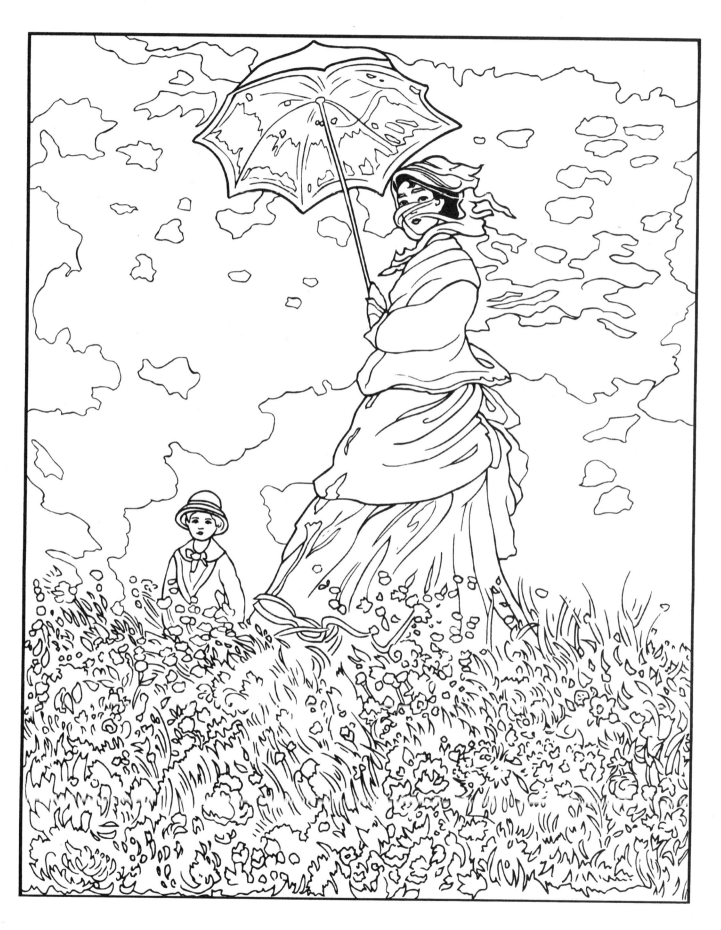

25. La promenade, la femme à l'ombrelle. 1875. Huile sur toile. 100 x 81 cm.

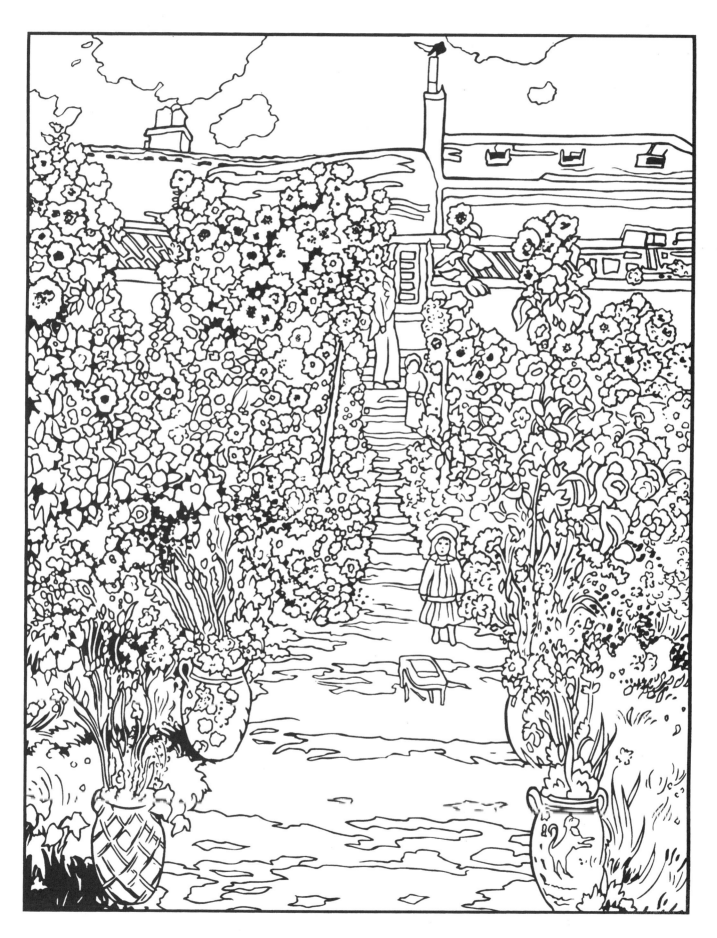

26. Le jardin de Monet à Vétheuil. 1880. Huile sur toile. 150 x 120 cm.

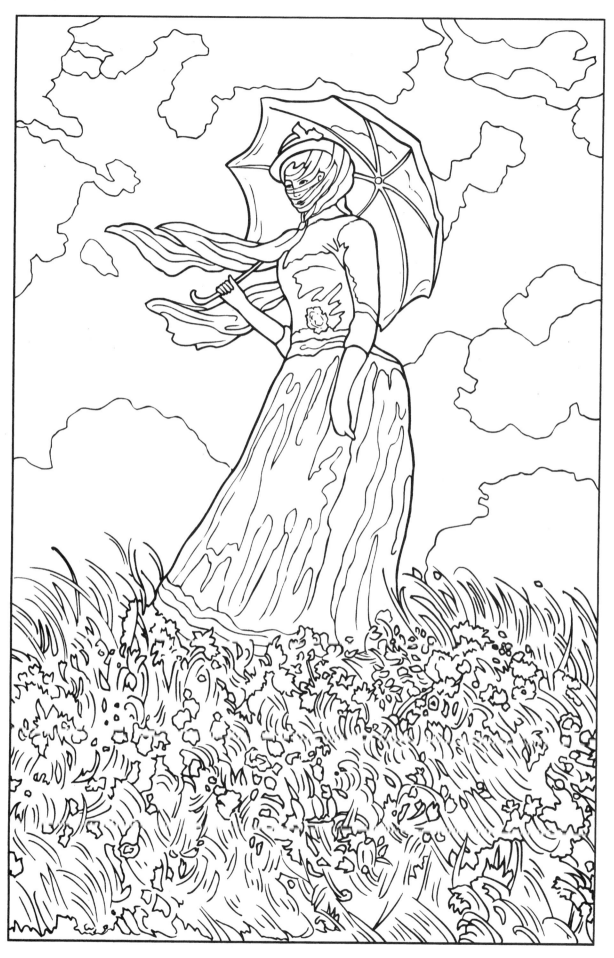

27. Essai de figure en plein air. 1886. Huile sur toile. 130 x 87 cm.

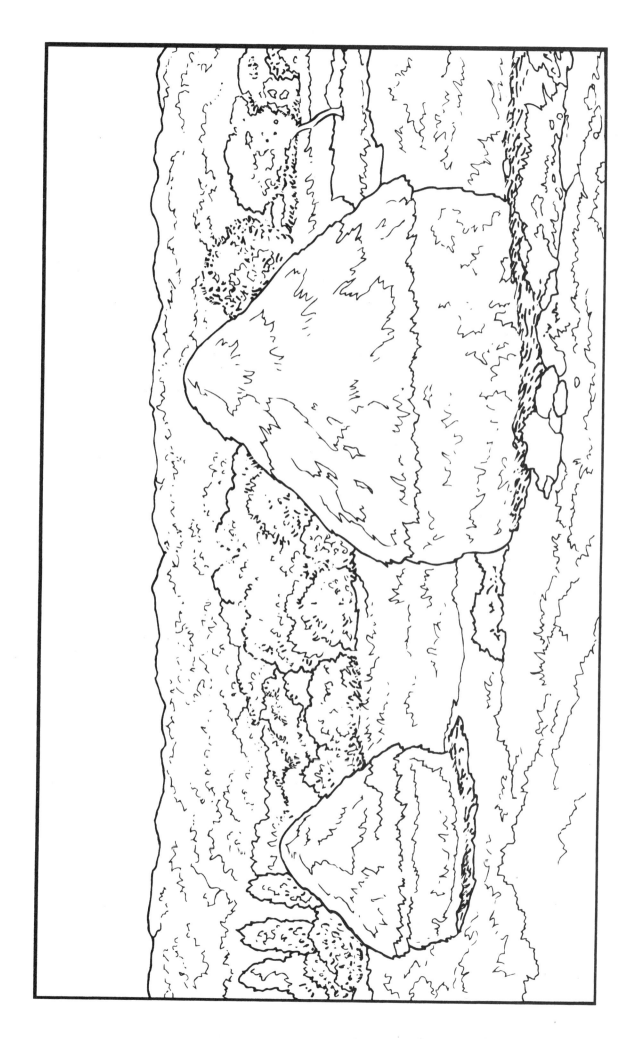

28. Meules, fin de l'été, effet du matin. 1891. Huile sur toile. 60 x 100 cm.

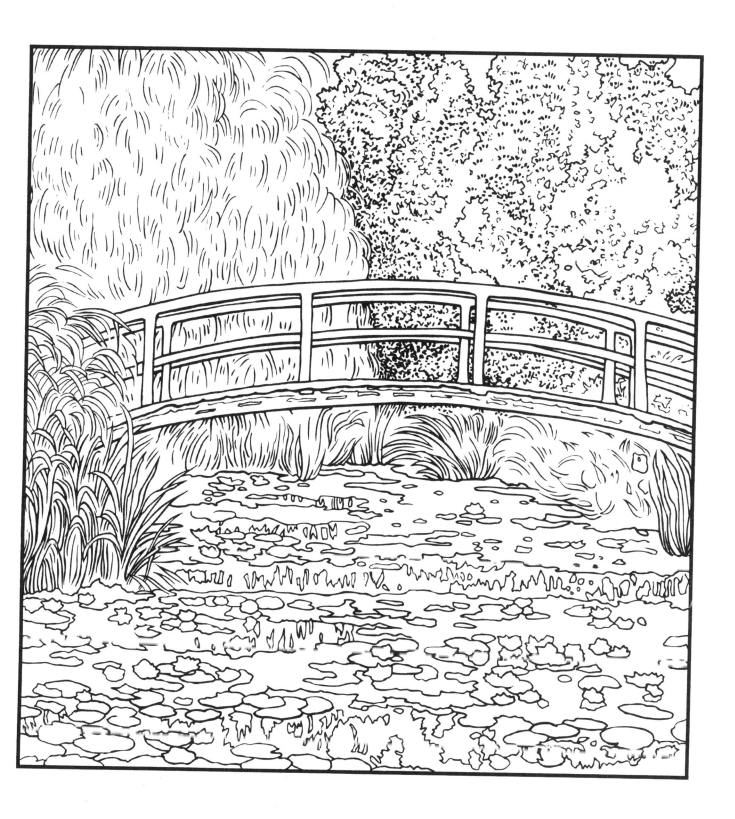

29. Le Bassin aux nymphéas. 1899. Huile sur toile. 93 x 74 cm.

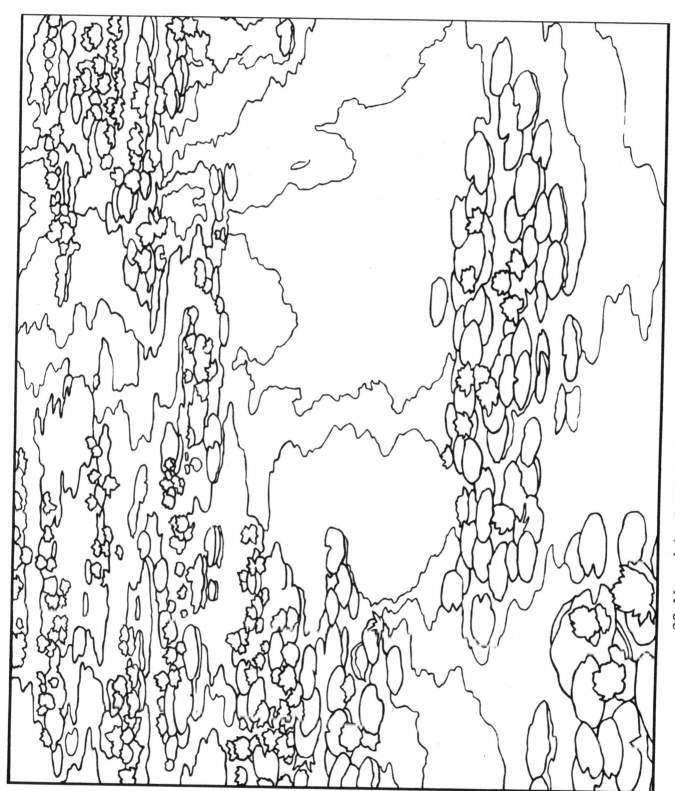

30. Nymphéas I. 1905. Huile sur toile. 81 x 100 cm.